稽古照今

古《いにしえ》を稽《かんが》え、今に照らす

宇城憲治語録集〈二〉

はじめに

本書は、『一人革命』に続く、宇城憲治先生の語録集、第二弾です。

ここに収められた文章と写真はすべて、空手実践塾や宇城道塾、国内外のセミナー等で宇城先生が指導されている際に発せられた、生の言葉であり、記録です。

技術者として、経営者として、武術家として、常にトップを走ってこられた先生の言葉は、私たちの胸にまっすぐ届き、どんな時も私たちを鼓舞する力にあふれています。その言葉の奥に、常に実践があり、真実があり、一人でもやり抜くという覚悟と気概があるからです。

先生は、武道修行と企業人としての妥協のない経験を通し、特に時間の概念が大きく変わっていったと言います。

その変化は、今の常識では考えられないような時空や重力との調和融合につながり、またそうした時空での空手の組手においては、相手の無力化、自分のゼロ化の実践につながり、そこからさらに辿り着いたのが、現在展開している、誰もが身体に宿す潜在力の発掘と開発法です。

先生は言います。

「一に勉強、二に勉強、三に勉強だ」と。

「身体を通しての稽古しかない」と。

それを一番実践しているのは、先生ご自身。

その姿こそが、まさに私たちを前に進ませる原動力です。

本書が、人として、親として、指導者として、上に立つものとして、希望ある真実の道へ進まんと願う、すべての方の力になると信じています。

どう出版

稽古照今 —— 古を稽え、今に照らす

目次

四、稽古照今　85

稽古照今《けいこしょうこん》

「稽古照今」とは、奈良時代に書かれた、日本の最古の書物『古事記』にある言葉です。

『古事記』には世界のはじまりから神々の出現や天皇家の皇位継承の様子が描かれていますが、「稽古照今」はその序文にある、「古《いにしえ》を稽《かんが》えて風猷《ふうゆう》をすでに頽《すた》れるに縄《ただ》し、今を照らして以て典教《てんきょう》を絶えんとするに補《おぎな》わずということなし」からきています。

すなわち、稽古とは、古を顧みて今にそれを活かすということ。

一、無意識の心

他尊自信

自らの心に従い、感謝の心で素直に行動すること。
この歩みこそが潜在意識につながる道となる。

潜在意識に存在する「他尊自信」とは
自らの幸せと他の幸せをもたらす
心と行動である。

それは世界平和に続く道であり
まさに、それが生きる証であり、幸せの法則である。

永遠なる宇城空手の理念はここにあります。

一、 無意識の心

心には嘘がない

人生は心一つで決まる。
それは、心には嘘がないからである。
良いも、悪いも、欲も、見栄も、
言い訳も、誤魔化しも、すべて心は分かっている。

強さを求めるのは心の弱さ。
心の弱さを強くしてくれるのが、思いやりや優しさ。

心の発動が行動となり、
行動が心をつくるのである。

一、 無意識の心

心の発動

お年寄りが電車に乗ってきた。

「席をゆずろうかな」という意識では遅く、
「すでにゆずっている自分」
そんな心のスピードを持つことです。

そういう無意識の心の発動こそ、
すべてに溶け合い、あらゆることを可能にする本質、
すなわち調和融合の世界へ、
さらに「気」の世界へとつながっていくのです。

一、 無意識の心

戦わずして勝つ

昔からの武術の教えに次の言葉があります。

「打って勝つは　下の勝ちなり。
勝って打つは　中の勝ちなり。
戦わずして勝つは　上の勝ちなり」

まさに生き残るための勝ち方の段階を教えています。

「戦わずして勝つ」　とは敵をつくらないこと。
敵をつくらないとは仲よくする、　愛するということ。

愛するとは相手を尊重し、許容すること。
許容するには自分の器を大きくすることが必要です。

すなわち自信です。自信が他尊を生む。
「他尊自信」です。

「戦わずして勝つ」の具体的な術技とは
「先《せん》を取る」にあります。
「先を取る」の「先」とは、単なる時計の時間ではなく
体内の細胞を基準に生じる無意識の時間です。

この無意識の時間が、時空と調和融合するのです。
つまり「間を制す」につながっていきます。

理屈や理論が先ではなく
常に「身体先にありき」「実証先にありき」。
この時系列を間違えてはなりません。

それが宇宙に生かされ
宇宙に守られるということであり、
そこに、「戦わずして勝つ」の法則があるのです。

肚《はら》

相手を自分に映して捉える、すなわち自分の気で相手を包み込む。
そうすれば相手との間《ま》が生きてくる。

すると相手の事の起こりが自分に映し出され、
何をすべきかが見えてくる。
それは、無意識の動きと言ってよい。

気を出しているのは身体の中心、すなわち肚であり、
また気の変化を感じるのも肚である。

この肚が、手足を動かしているのである。

創心館

型は美しく、技は心で

きれいと美しいは違う。
きれいはつくられたもの。裏を返したら知識。
美しいは自然体。心から出るもの。

だから「型は美しく、技は心で」。

そういう空手をすると、護身術になる。
相手の攻撃に対し、自由に変化できる。
そういう空手を目指していくことである。

心の働き

心のあり方は重要です。
なぜなら、心は内面への働きかけができるからです。
心の働きは、身体を「固体から流体へ」変化させる唯一の方法です。
心からつくられるその変化は、
実際に「筋肉の働きから細胞の働きへ」
変化させることができるのです。

知識でつくられた概念では、それはできません。
この心の働きによる変化があるからこそ、
武術に絶対の体の中心や、
虚と実の身心をつくることができるのです。

一、　無意識の心

すべてと調和する

バケツの中の水をかきまわす。
外側は非常に速い流れとなるが、中心は止まっている。
やがて流れは中心に吸い込まれていく。
大宇宙というマクロのブラックホールの仕組み。

小宇宙のミクロの時空における組手も同じ。
相手をいかに包み込み制するか。
それには、すべてと調和すること。
そうすれば相手と自分を一つにすることができる。
それが間を制するということです。
「自分さえ」では一つになれません。
中心をつくることも、ずらすことも、消すこともできません。

一、 無意識の心

無力化とゼロ化の実践

相手のゼロ化は無力化であり、
自分のゼロ化は自由化である。

ゼロ化とは、周りとの境をなくし、周りに溶け込み
自由自在を得る「調和力」のこと。

それは、空の気流に溶け込み自由にはばたく鳥や、
海の水流に溶け込み泳ぐ魚と同じ。

すなわち無力化もゼロ化も周りの時空と一体となり、
気に溶け込む状態となって初めて可能となるのだ。

一、 無意識の心

無《ない》の中に存在する有《ある》

何も「ない」ところから、ビッグバンによって
宇宙、銀河、そして太陽系が生まれた。
まさに「ない」ところに、必要性があるから「ある」が生まれてきたのだ。
「ない」ところに「ある」を生む世界。
その大宇宙のマクロの法則は、
ミクロの世界である我々人間界の法則と同じ。
まさにその法則を実証しているのが、
時空のエネルギー「気」を取り込む宇城空手だ。
そして、その根源は心にあるということ。
その心が、「ない」から「ある」を生み、希望ある「未来」をつくるのだ。

剣心館

型

型の一つひとつの動きは、
すべて自分の中心に向かうようにする。
つまり心で収める。

攻撃となる突きや蹴りをそのようにすれば、
力みが消え型は美しくなる。

美である。

「型は美しく、技は心である」

内に向かう集中は、強い重力を生み出し、
周りを引きつける引力となる。

それは、
内に向かう、中心に向かう、
すなわち不変の真理に向かう闘い。

つまり自己との闘い。

「自分の心に問え」

宇城空手の深淵と真髄はここにある。

ABC
創心館

二、時間

未来は「今」の中にある

多くの人が現状打破を願い
未来を変えたいと願います。

しかし未来は、「今」が変わらないと
変わることはありません。

未来はまさに「今」という瞬間にあるのです。

そのことに気づくことができれば、
今に集中でき、迷いがなくなり、未来に光がさすのです。

創心館

自分の時間を生き切る

何が本質かを知らずただ努力するだけでは
利用され、騙されるだけ。

賢くならなければならない。
そのためには勉強しなければならない。
一に勉強、二に勉強、三に勉強……。

自分の命、人生、二度と通れない「時間」を生き切るのだ。

その生き様はまた、次に引き継がれる不滅の魂となる。

創心館
創心館
創心館
創心館

大転換の時

今我々が求めるべきは
カリスマではなく信頼と尊敬である。

嘘や虚構は時間を止めるが、
信頼と尊敬は我々の時間をスピーディにし、
行動につなげていく。

今こそ、真実に向かう大転換の時。
すなわち、対立から調和へ、競争から共創へ。

さらに深化へと向かう、勇気である。

人間《じんかん》とは「間《ま》」のこと

ミカン箱とは、「箱」のこと。
本棚とは、「棚」のこと。
人間とは、「間」のことをさす。

すなわち人間は、時間・空間の「間」の中にある。

間が持たない、間が悪いなどと言うのは、
「間」が「人」にとってなくてはならないものだから。
人はこの「間」を活かしてこそ、本来の「人間《にんげん》」となるのです。

「絆」を生む五次元の世界

時間は三次元、四次元、五次元の世界で変わる。

三次元は客観的時間、それは時計の時間。
四次元は主観的時間、いわゆる心の時間。
五次元は、時間に重力がプラスされた小宇宙時空の世界。

三次元で生まれた点が、四次元で線となり、
五次元では面となり、立方体となる。

五次元は調和融合の「絆」の世界である。

細胞に聞け

今生きているということ、それは我々一人ひとりが、
20万年前の現生人類（ホモ・サピエンス）の時代から、縄文、弥生、
飛鳥、奈良、平安、鎌倉、室町、戦国、江戸、明治、大正、昭和、平成、
令和……と、ずっと生き続けてきた細胞を持っているということ。

そうした我々の細胞は、その時間の中で
いろいろなことを乗り越えてきた遺伝子を持っている。

だから細胞は知っている。
頭でもなく、脳でもなく、細胞に聞くことが大切なのである。

二、 時間

細胞の時間

今の自分の時間より
０・１秒早くなったら、今より10倍速くなる。
０・０１秒早くなったら、１００倍速くなる。
１００万分の１秒という細胞の時間となったら、
１００万倍速くなる。

細胞の時間では、見えないものが見えてくる。
すべてがスローモーションとなる。

スローモーションは高速撮影によって生じる。
そこはまさに瞬発の世界、「先が取れる」世界なのだ。

創心館

生かされて、生きている我々

人間の可能性――
すなわち生まれながらに持つ潜在力を引き出すためには、
「生きること」についての深い捉え方が大事です。

人間は生きるために食べ、働く。

しかしもっと大きな視点に立てば、
空気や水がなければ我々は
生きていくことができません。

その生命をつないでくれる空気や水は

一体誰がつくったのでしょうか。

まさに神秘です。

我々が「生きている」ということの裏には
まさに「生かされている」があるということ。

そういう見方が
意識の奥にある無意識を芽生えさせるのです。

それが自分の次元を高くし、
自分の中の時間スピードを
上げていくことにつながるのです。

三、気づき

視点は高く、視野は広く

どこでものを見るかですべては変わります。

今立っているこの地点、ここはどこまで行っても平面に見えます。
しかし、太陽から見ると、地球も月も丸いということがわかります。

自分さえというステージでは、
低いところからしかものが見えません。

助け合う、寄り添う、思いやる、相手を包み込む――
そういう高い視点、広い視野のステージに立った時、
全体が見え、何をなすべきかの答えが勝手に出てくるのです。

三、 気づき

信じる力

人間に大切なのは信頼関係。

しかし今は疑心暗鬼が世の中をつくっている。まさに不信の世界。
そこでは負のエネルギーが目に見えない波動となって
すべてを覆いつくしている。

その闇を拭い去るには、今の常識を超えること。
常識ではあり得ないような実証を見、体験すること。
そうすれば、事実の中に真実が見えてくる。
そこに身を置けば「信じる」が生まれ、
それが一歩踏み出す力となるのです。

創心館

人は「気」に包まれて生きている

鳥は空の気流の中に溶け込んで生きている。
魚は海の水流の中に溶け込んで生きている。

では地上の私たち人間はどうなのか。

鳥や魚が空気や水に包まれているように
私たち人間は「気」に包まれて生きなければならない。

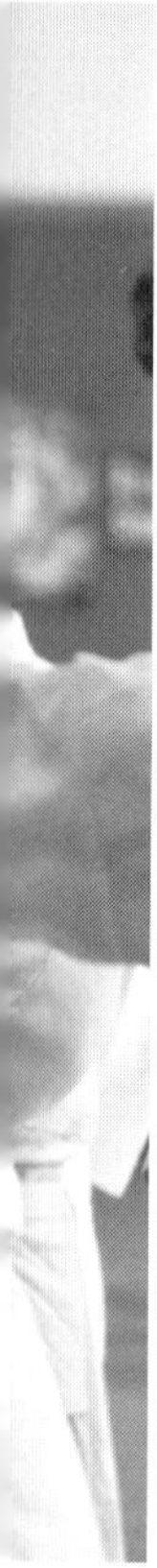

三、 気づき

正のエネルギー「気」

正のエネルギー「気」は境界線をなくし、
絆、助け合いを生みます。

この正のエネルギーを得るためには
宇宙が創造した神秘に対し畏敬の念を持ち、
謙虚になることです。

剣心館

一人革命のすすめ

他を変えるのではなく、
まず自分が変わる。

自分が変われば、周りが変わる。
この広がりこそが大事。

それには、一に勉強、二に勉強、三に勉強……。

気づいた時に手遅れにならないように。
それが「先を取る」ということ。

行動の原点

気に満ちた身体と心は、
情熱・覚悟・勇気を生み、
やる気や希望につながり
行動の原点となる。

まさにそれが、
幸せに向かうエネルギーとなる。

剣
剣

自覚こそが変化

「自分は今まで何をしてきたのか、今何をしようとしているのか」

という自覚こそが変化であり成長である。

そういう気づきは常に未来を拓き、自分を大きくしてくれる。


そこに気づかせてくれるのが伝統として継承されている「型」である。

型は時代を超えて生き、また今に活かせるところに真理がある。

型に導かれてひたすら突き進めば、
さらなる信念が持て、変化する自分が想像でき、
時間・空間の中に入っていくことができる。
その変化こそが自覚であり、悟りなのです。

活力源

相手を倒そうとすると、時間が止まる。
結果、相手に入れない。

相手にエネルギーを与える。
すなわち相手が喜ぶことをすると、相手に入ることができる。

日常でエネルギーが自分に入ってくる時は、
相手が喜ぶことをした時。
いたって簡単。

それは誰もが手に入れられる活力源である。

創心館

土台をつくる

宇宙を土台とし
その上に地球
その上に人間

その上に科学、医学、経済をのせていく。

土台が大事。
土台に生き方をのせていく。

宇城空手は生き方の土台をつくっている。
土台ができたら何をのせても大丈夫なのです。

創心館
創心館
創心館

自分の「なぜ」に答えがある

秋になったら木の葉は茶色くなって落ちます。
枯れたのか——
いや、木は、冬を乗り越えるために
自ら葉を落として生き残ることを知っている。

それが「知っている」ということ。

自分の中の「なぜ」に答えが隠されている。
その答えは頭で分からなくても、身体は知っている。
だから身体に聞け。
それをずっと続けることが大切なのです。

創心館

真理を問い続ける

今、世界はめまぐるしいスピードで
変化しつつあります。

地球規模での温暖化現象や異常気象による環境破壊や災害、
それに加え地震などの自然災害、さらには戦争、内戦、紛争、

そして身近なところでの
差別、自殺、引きこもり、依存症、虐待、
そしてますます度合いが増すばかりの経済格差など、
これらは自分の肌でも感じることができます。

しかし、それらの情報は
ニュースやマスコミによって知らされる表の情報です。

表の現状だけに目を奪われていると、
その裏にある真実、
そして裏で流れている権力や支配構造、虚構のスピードに
気づくことはできません。

しかし、そういう状況の中にあっても、
情報のつなぎ合わせの法則を知っていれば
世の中の仕組みがよく見えてきます。

その基本となるのが、

自分の中のぶれない軸。
それは身体と心にあります。

大切なことは、我々人間は父なる宇宙、母なる地球に
「生かされて、生きている」ことの真理と意味を、
身体と心に問い続けることです。

四、稽古照今

稽古照今

古事記にある「稽古照今」
それは、古きに学び、今に活かすということ。

また、江戸時代の剣聖・山岡鉄舟の言う
「述べて作らず、古を好む」というあり方も、
同じく江戸時代の俳諧師・松尾芭蕉の
「不変の真理を知らなければ新たな進展はない」
という不易流行もしかり。

そもそもすべては無から有として誕生した宇宙の元に、
最初から「先にありき」として存在し、

そこに向かう深化のプロセスが
また一方で進化になることが見えてくる。
まさに、神秘にある未知は無限と言っていい。

今の科学のあり方は、
その神秘なる真理の仮説を立て、
理論立てし、後からそれの実証を試みる。

分析や研究のあり方は、
部分のみを捉え、結果、全体という本質を見失う。

生命体、人間については

全体を常に忘れないという謙虚さをもって
「深さを追求していく」姿勢を持つことが大事なのである。

そうすれば、新しい発見も知識もばらばらとはならず、
点と点がつながって、線となり、面となる。

そのあり方から、
生きることの本質、人間とは何かが見え、
我々の未来がどうあるべきかも見えてくる。

まさにそのあり方こそが「稽古照今」なのだ。

交剣知愛

不変の真理

我々人間は、1ミリにも満たない受精卵から、
お母さんの胎内で細胞分裂を繰り返し
10ヵ月後に37兆個の細胞を持った一個体の「人」として生まれてくる。

その仕組みは、
20万年前のホモ・サピエンスの時代から現在に至るまで
何一つ変わっていません。

まさに不変の真理です。

すなわち、我々が生きているということは、

20万年前から細胞がずっと生き続けてきたということ。

その細胞の中に
これまでの危機を乗り越えてきた情報が刻まれている。

そこに答えを求めるのだ。

それを引き出すのだ。

稽古照今——
「古に学びその叡智を今に活かす」

それが稽古のあり方なのである。

次元を変える稽古

算数での　1＋1＝2　は不変です。

しかし稽古の　1＋1　の答えは、＝2　と
算数と同じでも、大きな違いがあります。
稽古の工夫とあり方によって、
答えの2の次元が変わってくるのです。

1.5（外面）＋ 0.5（内面）＝2　初心の頃
0.01（外面）＋ 1.99（内面）＝2　稽古の積み重ね

稽古の積み重ねにより

外面が1・99 ↓ 0・01と変化すれば、
同時に内面も0・01 ↓ 1・99へと変化し、

2という答えは一定でも、
稽古の本質は外面から内面へと向かい、
型は進化し、
意識の深化をもたらし、
意識の無意識化を促します。

無意識化された意識は、
人間の95％を占める潜在意識に働きかけます。

この潜在意識の中に、 生きるための武術の技があるのです。

創心館

未来を変える統一体

真剣は瞬発力、スピードを生み出します。
瞬発力、スピードは内面のエネルギーを生み、
同時性多次元の動きをつくり出します。

内面のスピードが速い人は相手に左右されず、全体が見える。

全体が見えると、相手を包み込むことができ、
相手と調和し融合することができる。

まさに、この実践身体こそが
今を変え、未来を変える「統一体」のあり方です。

秀修館
創心館

突きのあり方

突きの拳は、弓と矢の関係に似ている。
弓を引き絞るのは体。

そこに置かれた矢には、
すでに空としての秘めたるエネルギーが存在し、
放たれる瞬間、その威力が発揮される。

突きにおいて、
弓は体、矢は突き手の拳。

拳は、弓に置かれた矢のごとく空であり、

その空は、引き絞った体によって創り出されるエネルギーとなり、
拳の威力となる。

その拳と体の関係性を、型で創り上げよ。
そして、そこに行き着くプロセスを見出すのだ。

その一つひとつのステップアップが
小さな悟りとなり、その小さな悟りがやがて
大きな悟りになる。

悟りは自分の中のワクワク感。だから楽しい。
単なる時間の経過ではなく、
楽しさの連続だからこそ、「継続は力なり」となるのだ。

剣心館

できるか、できないかを問う稽古

稽古は
「できるか、できないか」であり、
「できる」積み重ねが
ステップアップの稽古となる。

そこに向かう稽古は
日々の生き方に活きてくる。

そういうステップアップ稽古こそ、
あらゆることに対して
行動する勇気につながっていくのです。

一隅を照らす

「一隅《いちぐう》を照らす、
　これ則《すなわ》ち国宝なり」

平安時代の高僧・最澄の言葉です。

世の中をいっぺんに変えようとするのではなく、
今、自分が照らす一隅、そこに努力をする。

それがひいては
全体に広がっていく光となるのです。

四、 稽古照今

土壌をつくる

種は蒔かれた土壌によって育つ。

嘘の土壌には不信が育つ。
真実の土壌には誠が育つ。

だからこそ種は、
すがすがしい土壌に蒔かれなければならない。

すがすがしい土壌をつくる、それが稽古なのだ。
その土壌に種を蒔き、愛情をもって世話をする。
それが子育て、そして教育である。

頂点への道

目指す頂点が見えている試行錯誤は上達への絶対条件である。
頂点が見えていない試行錯誤に上達はない。

できていなくても、
頂点が見えていることが大事なのである。

そこでの迷いは迷いではなく
自分の力で頂点に近づく手段なのだ。

頂点への道は、外から与えられるものではなく
自分の中にある。

五、師

本物との出会い

本物に出会っても
そのことに気づかないことが
いかに愚かであるか。

それは気づいた者にしか分からない真実である。

だからこそますます本物が尊敬でき、
自分が謙虚になっていくのである。

謙虚になれば、また見えないものが見え、
さらなる気づきを得られるのである。

指導の本質

試合で勝って優勝することを目指す。それがスポーツ。
勝ち負けをベースとするスポーツでは、技の追求が疎かになる。
自転車に乗れていない人が、自転車の乗り方を指導することにもなる。

本来の指導とは、非可逆ステップアップにつながるもの。
まさに自分自身が自転車に乗り、その姿を見せる。
それだけでいい。

スポーツはスポーツにしか通用しないルールがある。
しかし武術にはルールがなく、生き方に活かすことがルールである。
その土台の違いがすべての違いを生むのである。

極意とは

極意とは、伝書や過去の記録のことではなく、
それを実現している師の技そのものである。

師の技を知るということは、
師の生き方、心を知るということである。

それが極意の核心に触れるということである。

剣心館

師の中に入っていくパスポート

その人が上達の方向に向かっているかどうかは
その質問の内容によって分かる。

頭での質問をする間は、永遠に上達はない。
心で会話し、心で質問することである。

心で会話するということは、
師の言葉を頭でなく心で受け止めることができるということであり、
それが師の中に入っていくパスポートとなるのである。

Praktiker
Praktiker

師を自分に映す

「映るとも月も思わず、
　映すとも水も思わぬ　広沢の池」

これは、実体としての月、すなわち「師」の存在を自分に映すあり方を説いています。

「師」という絶対存在があり、それを信じ切るからこそ月は池に映る。

すなわち、
本物の弟子は無意識に師を映しているということなのです。

生き様を見せる

組手は相手を倒すのでなく、相手と調和し相手を制する。
精神論の調和ではなく、戦いの中で相手と調和する。

調和することで、「戦わずして勝つ」への道が拓ける。

それが究極であり、宇城空手の本質です。
そこに人間の成長がある。
だからこそ、一生修行。

その生き様を見せることこそが指導。
そこに気づくか気づかないかだと思います。

五、 師

真剣勝負とは自身との闘い

「負けは死を意味する」

この言葉は、生死をかけた実践の時代に生み出された言葉です。

江戸末期、幕末の時代、刀を身につけていた侍にとって、すべてが真剣勝負であり、一度刀を抜けばどちらかが傷つき、明確な「負け」は当然「死」を意味するものでした。

だからこそ、当時の侍は勝たなければならなかった。

その「勝つ」は、自分を守るため、生き残るための「勝つ」であり、スポーツにおける判定の「勝ち負け」の次元とは違います。

そこには「勝ち負け」という相対世界を超越した世界、すなわち絶対世界が必要でした。

そうした世界から生み出されたのが武術の型であり、術技であるのです。

真剣勝負とは、相手との闘いではなく、自らを守る闘いであるべきです。

リーダーたるもの、国民の幸せのために、未来に続く次世代の子供たちのために、自らを律し、命をかけ、模範を示す気概や覚悟をもって事を成さなければなりません。

Vasas-függő vagyok!
Praktiker

エネルギーを与えるもの

我々人間の生活は、太陽があって、地球があって、月があって、
大自然の仕組みがあって成り立っている。

太陽が地球の樹木に光合成をうながし、
CO_2からO_2をつくり出す。

宇宙というマクロのシステムも、
人間を中心としたミクロのシステムも、基本的には同じです。

マクロのシステムという大きな視野で考えると、
太陽は地球に光を与え、方向を示し、昼と夜を与え、

季節を生み、エネルギーを与える存在です。

では、ミクロの時空における太陽とは。
人間にとっての太陽とは。

それが師。

だからこそ、師が一番勉強しなければならない。

師は、ミクロの世界の中で
太陽、地球、月の関係をつくり、
ひたすら一隅を照らす存在に近づくべく、
一に稽古、二に稽古、三に稽古あるのみ。

おわりに

いかなる時代にあっても、常に新しいものを求めるという我々の追求心にとどまるところはありません。それは、「知りたい」という探求心と好奇心と同時に、新しいものの中にある新規性、進歩性の発見が科学として有用となるからです。またその活用、応用技術も同様です。

しかしそれは私が思うに、ビッグバンによって「無」から創造された「有」の宇宙によって誕生した生命――37兆個の細胞で個を成す我々人間――の潜在意識が宇宙時空の変化、流れに反応しているからではないか。すなわち、宇宙に生かされている存在としての我々人間が生き続けようとするところに進化があり、進化は深化を誘い、その深化の中に原点回帰がセットされているからではないか……。

今回、6年50億キロの宇宙の旅を経て、小惑星探査機「はやぶさ2」の帰還を成功させたことは、革新的なこととして世界から賞賛されました。まさにこの成功は、ハード、ソフトを含め、現在におけるあらゆる最先端科学技術の集積の賜物ではないかと思います。そして、その「科学的意義」の一つは、その調査が太陽系の起源や進化、生命の誕生の解明に迫るものであったということです。

このことは一方で、最先端科学技術をもって未知の「未来」に向かっていながら、実は、宇宙の生い立ちを追い求めるという原点回帰、すなわち「古」にも向かっているということです。まさに、未来に向かう最先端の進化の中に原点回帰という深化と古があるということです。

私が現在展開している目に見えない気のエネルギーの取り組みは、今の常識では考えられない様々な実践を通して、本来人間に備わっている潜在力を目覚めさせ、人間力を引き出し、それらをパワーアップさせていく方法を具体的に実証することにあります。そこには今の最先端技術でも解決できない多くの未知としてある発見や気づきがあり、まさに新規性、進歩性、有用性があります。なぜそのようなことが可能なのかと言えば、今のあらゆる科学が部分を追究する要素還元主義であるのに対して、気の実証は初めから「全体ありき」という捉え方をしているからです。だから即、活用することができるのです。

ビッグバンによって宇宙が形成され、その後20万年前に、我々人間は現生人類（ホモ・サピエンス）として誕生したわけですが、気の実証による諸々の実証事例はまさに、その20万年前から今に至るまで生き続けている「人間とは何か」を問うことにもつながっていて、さらにそれは、気が人の細胞に働きかけていることの実証にもつながっています。

この「全体先にありき」というあり方は、特に生命体の扱いについては絶対であり、気の実践とその実証は「人間とは」という問いの足掛かりとなるのみでなく、そこから解き明かされる本質は、まさに今の科学と未来への大きなヒントになるのではないかという思いがあります。

私のこうした気による人間の潜在力発掘の実践技術は、「はやぶさ2」という最先端科学技術がその進化の中に原点回帰を求めているのに対し、逆にその原点回帰の中に未来を発見するという進化につながっているのではないかと考えています。

気のエネルギーを知ると、不思議とそういう探求心が自然体で起きてきます。気は目に見えないだけに、疑心暗鬼になりがちですが、あえて私はそれを「見える形」にすることで誰にでも分かるようにしています。

まさに、それは奈良時代に編纂された『古事記』にある「稽古照今」（古を稽え、今に照らす）であり、江戸時代の剣聖・山岡鉄舟の「述べて作らず、古を好む」です。つまり古を顧みる中に新しいものの発見があるということです。それは無から有を生じさせた源《みなもと》、そこに向かう原点回帰の中に真理の本質、つまり森羅万象の本質があると考えるからです。

今、コロナ禍で世界中の人間の活動が自粛制限され、そのことで地球の空気や海がきれいになってきています。このことは人間の活動がいかに地球を汚してきたかの証しであり教訓です。……ならば我々がこれから始めなければならないことは、感染防止の一方で、人間が動くことで地球を汚す今のあり方から、人間が動くことによって地球をよりきれいにしていく、地球を大事にする、すなわち地球と仲良くする、調和するというあり方への転換です。今、まさにコロナ禍にあって、その転換期にきていることを教えてくれていると思います。そして、そこに真剣に向かう勇気と行動の第一歩を踏み出すことを……。

まさに、そのすべての原点は、本書で随所に述べている通り、すべてとの調和融合にあります。そこに身を置けば、人間の潜在力が引き出され、現状からの脱却と希望ある未来への無限の可能性と進化が保証される、そのことを気のエネルギーは実証してくれています。

二〇二一年三月

宇城憲治

宇城憲治 うしろ けんじ

1949年 宮崎県小林市生まれ。1986年 由村電器㈱ 技術研究所所長、1991年 同常務取締役、1996年 東軽電工㈱ 代表取締役、1997年 加賀コンポーネント㈱ 代表取締役。
エレクトロニクス分野の技術者として、ビデオ機器はじめ衛星携帯電話などの電源や数々の新技術開発に携わり、数多くの特許を取得。また、経営者としても国内外のビジネス界第一線で活躍。一方で、厳しい武術修行に専念し、まさに文武両道の日々を送る。
現在は徹底した文武両道の生き様と武術の究極「気」によって人々の潜在能力を開発する指導に専念。宇城空手塾、宇城道塾、教師塾、各企業・学校講演、プロ・アマ スポーツ塾などで、「学ぶ・教える」から「気づく・気づかせる」の指導を展開中。

㈱ＵＫ実践塾 代表取締役
宇城塾総本部道場 創心館館長

創心館空手道 範士九段
全剣連居合道 教士七段（無双直伝英信流）

著書に『人間は生まれながらに完成形』『新版 空手と気』『気の開発メソッド』『子どもにできて 大人にできないこと〈DVD 付〉』『ゼロと無限』『宇城憲治が自在にする「気」とは何か』『武術の実践哲学 宇城空手』（以上 どう出版）、『武道の心で日常を生きる』（サンマーク出版）他多数。

ＵＫ実践塾ホームページ　http://www.uk-jj.com/

宇城憲治語録集〈二〉

稽古照今《けいこしょうこん》　古《いにしえ》を稽《かんが》え、今に照らす

2021年3月19日　初版 第1刷発行

著　者　宇城憲治

定　価　本体価格 1,400円＋税
発行者　渕上郁子
発行所　どう出版
〒252-0313　神奈川県相模原市南区松が枝町14-17-103
電話　042-748-2423（営業）　042-748-1240（編集）
http://www.dou-shuppan.com
印刷所　株式会社シナノパブリッシングプレス

ISBN978-4-910001-13-5
落丁、乱丁本はお取り替えいたします。お読みになった感想をお寄せください。

宇城憲治のDVD

DVD 人間の潜在能力・気【全2巻】

接した人すべての潜在能力を目覚めさせ、人を根底から変化に導き、希望につなげる事ができる「気」。その変化の実例映像を数多く収録。現代武道やスポーツの次元をはるかに超えた、「実存する気」がわかる画期的DVD。

・収録時間【第一巻】84分【第二巻】115分
・定価 各巻 6000円＋税

DVD 武術空手の型 サンチン【上巻・中巻・下巻】

宇城憲治によるサンチン型演武及び、分解組手、応用組手の詳細な解説。また、「ゼロ化」「間を制する」「先の取り方」「見切り」など、武術における絶対条件とも言える世界を迫力ある組手で実践。さらにその先にある武術の究極「気」の世界の実践も収録。

・収録時間【上巻】85分【中巻】78分【下巻】59分
・定価 各巻 6000円＋税

DVD 永遠なる宇城空手 ― コロラド合気道合宿指導 ―

米国コロラド州での大規模合気道合宿に、4回（2005～2008）にわたり唯一、合気道以外の招待師範として指導した時の記録。合気道指導者250名への指導の様子や迫力の組手はもとより、数々のエピソードと証言で迫る「宇城空手」がもたらしたものは何か。

・収録時間 42分〈宇城道塾教材DVD〉
・定価 3704円＋税

発行 どう出版

宇城憲治の本

新版 空手と気
気の根源 思考の深さ

最先端の科学をもってしても解けない次元の「気」。それは、無から有を生み出す根源であり、強く日常に活かせる〝真理〟である。

第一部では、宇城流根本原理である気の解説を、第二部では、著者によるさまざまな指導現場における生の言葉を迫力ある写真とともに掲載。
・A5並製 ・定価 2000円＋税

宇城憲治が自在にする「気」とは何か
――その実体に迫る

重さが変わり、強さが増し、集団を自由自在に動かす――宇城憲治の「気」によって実現する、常識ではあり得ない事象の数々。

知れば知るほど湧き上がる「気」の不思議を、二人の弟子との対話により紐解いていく。宇城憲治の「気」の探究で見えてくる、誰もが幸せに向かう法則とは。
・A5並製 ・定価 1600円＋税

武術の実践哲学 宇城空手

既刊空手書3冊をまとめ、新たに詳しく加筆、推敲した「宇城空手」の決定版。武術空手としての本質を、実践をベースに解説。本来の武術とは何か、型の意味、分解の意味、身体脳、呼吸力、ゼロ化、師とは、修業とは等々、空手家にとどまらず、すべての武術修業者にとってまさに必読の内容が詳細に展開されている。
・A5上製 ・定価 2800円＋税

宇城憲治の本

気の開発メソッド

【初級編】統一体・身体脳の開発

【中級編】覚悟する身体・肚をつくる

【初級編】自ら気を身体に流す様々な方法を紹介する入門編。（付録）身体に「気」を流す体操――宇城式統一体体操

【中級編】「気」による変化の体験を通し、気の存在とその深さを詳しく解説。（付録）統一体呼吸法

・B5並製　・定価　各2000円＋税

宇城憲治語録集〈一〉

一人革命

自分が変われば周りも変わる

技術、経営、空手、居合――すべてにおいて妥協なく取り組んできた身体と魂から、湧き出るメッセージ。真の教育者、指導者として、現状に留まることなく常に進歩・成長している著者の実践の言葉と写真は、自己変革を目指すすべての人たちの勇気と生きる原動力となる。

・四六上製　・定価　1400円＋税

文武に学び　未来を拓く

季刊 道［どう］

『道《どう》』は、日本人の真の強さと
その心の復活を願って
あらゆる分野で活躍する方々の
生き方に学ぶ季刊誌です。

社会を良き方向にするために現在実践を通して活躍されている方々と宇城氏との対談や、宇城氏による連載が掲載されています。

・1、4、7、10月発行・定価　1143円＋税

【購読料】1年（4冊）につき
5000円（税込・送料無料）

【お申し込み】電話　042・748・2423

発行　どう出版